Сказки Шарля Перро
Fairy Tales of Charles Perrault

Svetlana Bagdasaryan

Кот в сапогах
Puss in Boots

Один мельник оставил в наследство трем своим сыновьям мельницу, осла да кота. Братья наследство сами поделили, в суд не пошли: жадные судьи последнее отберут. Старший получил мельницу, средний — осла, а самый младший — кота. Долго не мог утешиться младший брат: жалкое наследство ему досталось.

— Хорошо братьям, — говорил он. — Заживут они вместе, будут честно на хлеб зарабатывать. А я? Ну, съем кота, ну, сошью рукавицы из его шкурки. А дальше что? С голоду помирать?

Кот эти слова услышал, но виду не подал, а сказал:

— Хватит горевать, мой хозяин. Дайте мне мешок, да закажите пару сапог, чтобы легче было ходить по лесам и полям, и вы увидите, что не так уж вас обидели, как вам сейчас кажется.

* * *

There was a miller who left no more estate to the three sons he had than his mill, his ass, and his cat. The partition was soon made. Neither scrivener nor attorney was sent for. They would soon have eaten up all the poor patrimony. The eldest had the mill, the second the ass, and the youngest nothing but the cat. The poor young fellow was quite comfortless at having so poor a lot.

"My brothers," said he, "may get their living handsomely enough by joining their stocks together; but for my part, when I have eaten up my cat, and made me a muff of his skin, I must die of hunger."

The Cat, who heard all this, but made as if he did not, said to him,

"Do not thus afflict yourself, my good master. You have nothing else to do but to give me a bag and get a pair of boots made for me that I may scamper through the dirt and the brambles, and you shall see that you have not so bad a portion in me as you imagine."

Хозяин не очень поверил услышанному. Хотя он часто видел, как кот хитрит, чтобы поймать крыс и мышей, плутуя, и притворяясь мертвым; так, что хозяин решил не отказываться от предложенной ему в тяжелый момент помощи.

И едва кот получил все необходимое, как быстро обулся, перекинул через плечо мешок и отправился в ближайший заповедный лес, в котором водилось множество кроликов.

Из мешка, в котором находились отруби и заячья капуста, кот устроил хитрую западню, а сам, растянувшись на траве и притворившись мертвым, стал поджидать добычу. Долго ждать ему не пришлось: какой-то глупый молодой кролик сразу же прыгнул в мешок.

***

The Cat's master did not build very much upon what he said. He had often seen him play a great many cunning tricks to catch rats and mice, as when he used to hang by the heels, or hide himself in the meal, and make as if he were dead; so that he did not altogether despair of his affording him some help in his miserable condition.

When the Cat had what he asked for he booted himself very gallantly, and putting his bag about his neck, he held the strings of it in his two forepaws and went into a warren where was great abundance of rabbits.

He put bran and sow-thistle into his bag, and stretching out at length, as if he had been dead, he waited for some young rabbits, not yet acquainted with the deceits of the world, to come and rummage his bag for what he had put into it. Scarce was he lain down but he had what he wanted. A rash and foolish young rabbit jumped into his bag.

Кот, недолго думая, без сожаления убил кролика и затянул мешок. Гордый своей добычей, он отправился в королевский дворец и попросил аудиенции у самого короля. Когда кота ввели в королевские покои, он отвесил королю почтительный поклон и сказал:

— Ваше величество, вот кролик из лесов маркиза де Карабаса (такое имя выдумал он для своего хозяина). Мой господин велел мне преподнести вам этот скромный подарок.

— Поблагодари своего господина, — ответил король, — и скажи ему, что он доставил мне большое удовольствие.

* * *

Monsieur Puss, immediately drawing close the strings, took and killed him without pity. Proud of his prey, he went with it to the palace and asked to speak with his majesty. He was shown upstairs into the King's apartment, and, making a low reverence, said to him:

"I have brought you, sir, a rabbit of the warren, which my noble lord the Marquis of Carabas" (for that was the title which puss was pleased to give his master) "has commanded me to present to your majesty from him."

"Tell thy master," said the king, "that I thank him and that he does me a great deal of pleasure."

В другой раз он спрятался в поле, среди колосьев пшеницы и снова расставил свою ловушку. На этот раз ему попались две жирные куропатки. Он проворно затянул шнурки на мешке и понес их королю, как поступил раньше с пойманным в лесу кроликом. Король с радостью принял и этот подарок и даже приказал дать коту денег на вино.

С тех пор так и повелось: кот то и дело приносил королю дичь, будто бы убитую на охоте его хозяином. И вот как-то раз кот узнав, что король вместе со своей дочкой, самой прекрасной принцессой на свете, собирается на прогулку по берегу реки в карете, сказал своему хозяину.

— Хозяин, если вы послушаетесь моего совета, то считайте, что счастье у вас уже в руках. Все, что от вас требуется, — это пойти искупаться в реке, в том месте, где я вам укажу. Остальное предоставьте мне.

* * *

Another time he went and hid himself among some standing corn, holding still his bag open, and when a brace of partridges ran into it he drew the strings and so caught them both. He went and made a present of these to the king, as he had done before of the rabbit which he took in the warren. The king, in like manner, received the partridges with great pleasure, and ordered him some money for drink.

The Cat continued for two or three months thus to carry his Majesty, from time to time, game of his master's taking. One day in particular, when he knew for certain that he was to take the air along the river-side, with his daughter, the most beautiful princess in the world, he said to his master:

"If you will follow my advice your fortune is made. You have nothing else to do but go and wash yourself in the river, in that part I shall show you, and leave the rest to me."

Хозяин послушно исполнил все, что посоветовал кот, хоть он совсем и не понимал, для чего все это нужно. Как раз, когда он купался, король проезжал мимо. Кот кинулся к карете и закричал:

— Помогите! Помогите! Маркиз де Карабас тонет!

Король, услышав эти крики, выглянул из кареты. Он сразу же узнал кота, который так часто приносил ему подарки, и сейчас же послал своих слуг выручать маркиза де Карабаса. В то время, как бедного маркиза вытаскивали из реки, кот рассказал королю, что во время купания у его господина воры украли всю одежду, хотя он изо всех сил звал на помощь и громко кричал: «Воры! Воры!».

На самом же деле хитрец припрятал бедное платье хозяина под большим камнем. Король немедленно приказал принести для маркиза де Карабаса один из самых лучших своих нарядов.

* * *

The Marquis of Carabas did what the Cat advised him to, without knowing why or wherefore. While he was washing the King passed by, and the Cat began to cry out:

"Help! help! My Lord Marquis of Carabas is going to be drowned."

At this noise the King put his head out of the coach-window, and, finding it was the Cat who had so often brought him such good game, he commanded his guards to run immediately to the assistance of his Lordship the Marquis of Carabas. While they were drawing the poor Marquis out of the river, the Cat came up to the coach and told the King that, while his master was washing, there came by some rogues, who went off with his clothes, though he had cried out: "Thieves! thieves!" several times, as loud as he could.

This cunning Cat had hidden them under a great stone. The King immediately commanded the officers of his wardrobe to run and fetch one of his best suits for the Lord Marquis of Carabas.

Наряд оказался и в пору, и к лицу, а так как маркиз и без того был малый хоть куда — красивый и статный, то, приодевшись, он, конечно, стал ещё лучше, и королевская дочка, поглядев на него, нашла, что он как раз в её вкусе. Когда же маркиз де Карабас бросил в её сторону два-три взгляда, очень почтительных и в то же время нежных, она влюбилась в него без памяти. Отцу её молодой маркиз тоже пришёлся по сердцу. Король был с ним очень ласков и даже пригласил сесть в карету и принять участие в прогулке. Кот, радуясь, что все идет, как он задумал, весело побежал перед каретой и, когда увидел на лугу косарей, закричал им:

— Эй, косари, люди добрые! Если вы не скажете королю, что этот луг принадлежит маркизу Карабасу, всех вас немедленно изрубят в мелкие кусочки, словно начинку для пирога!

Король и в самом деле спросил косарей кому принадлежит этот луг.

* * *

The King caressed him after a very extraordinary manner, and as the fine clothes he had given him extremely set off his good mien (for he was well made and very handsome in his person), the King's daughter took a secret inclination to him, and the Marquis of Carabas had no sooner cast two or three respectful and somewhat tender glances but she fell in love with him to distraction. The King had him come into the coach and take part of the airing. The Cat, quite overjoyed to see his project begin to succeed, marched on before, and, meeting with some countrymen, who were mowing a meadow, he said to them:

"Good people, you who are mowing, if you do not tell the King that the meadow you mow belongs to my Lord Marquis of Carabas, you shall be chopped as small as herbs for the pot."

The King did not fail asking of the mowers to whom the meadow they were mowing belonged.

— Маркизу де Карабасу! — ответили в один голос косари, испуганные угрозами кота. Король остался доволен и сказал:

— Ах, маркиз, какой прекрасный у вас луг! — сказал король.

— В самом деле, государь! – отвечал маркиз. — Каждый год на этом лугу бывает замечательный сенокос.

А Кот опять побежал вперёд, увидел жнецов и закричал им;

— Эй, жнецы, люди добрые! Если вы не скажете королю, что все эти поля принадлежат маркизу Карабасу, всех вас изрубят в мелкие кусочки, словно начинку для пирога!

Через минуту к жнецам подъехал король и спросил, чьи это поля они жнут.

* * *

"To my Lord Marquis of Carabas," answered they altogether, for the Cat's threats had made them terribly afraid. The king was pleased and told,

"Marquis of Carabas you have a wonderful meadow"

"You see, sir," said the Marquis, "this is a meadow which never fails to yield a plentiful harvest every year."

The Master Cat, who went still on before, met with some reapers, and said to them:

"Good people, you who are reaping, if you do not tell the King that all this corn belongs to the Marquis of Carabas, you shall be chopped as small as herbs for the pot."

The King, who passed by a moment after, would needs know to whom all that corn, which he then saw, did belong.

— Поля маркиза де Карабаса, — ответили жнецы. И король опять порадовался за господина маркиза.

А кот все бежал впереди кареты, и всем, кто попадался навстречу, велел говорить одно и то же: "Это дом маркиза де Карабаса, это мельница маркиза де Карабаса, это сад маркиза де Карабаса..." Король не мог надивиться богатству молодого маркиза.

Наконец Кот добежал до великолепного замка. А замок этот принадлежал одному из самых богатых людоедов в мире. Людоед и был хозяином всех полей и лугов, всех земель, по которым проезжал король. Кот заранее разузнал, что это был за великан, в чем его сила, и попросил допустить его к хозяину. Он, дескать, не может и не хочет пройти мимо, не засвидетельствовав своего почтения.

Людоед принял кота со всей учтивостью, на какую был только способен и предложил присесть.

* * *

"To my Lord Marquis of Carabas," replied the reapers, and the King was very well pleased with it.

The Master Cat, who went always before, made all the people he met say the same words, "This is the home of my Lord Marquis de Carabas , this mill of my Lord Marquis de Carabas , a garden of my Lord Marquis de Carabas ..."and the King was astonished at the vast estates of my Lord Marquis of Carabas.

Monsieur Puss came at last to a stately castle, the master of which was an ogre, the richest had ever been known; for all the lands which the King had then gone over belonged to this castle. The Cat, who had taken care to inform himself who this ogre was and what he could do, asked to speak with him, saying he could not pass so near his castle without having the honor of paying his respects to him.

The ogre received him as civilly as an ogre could do, and made him sit down.

— Мне говорили, — промурлыкал кот, — что вы умеете превращаться в любого зверя. Ну, скажем, в льва или слона...

— Могу! — засмеялся людоед. — И, чтобы доказать тебе это, сейчас же обернусь львом. Смотри же!

Кот так испугался, увидев перед собой льва, что в мгновение ока взобрался на крышу прямо по водосточной трубе. Это было не только трудно, но даже и опасно, потому что в сапогах не так-то просто ходить по гладкой черепице. Лишь когда великан вновь принял свое прежнее обличие, кот спустился с крыши и признался людоеду, что едва не умер от страха.

— А еще меня уверяли, — сказал кот, — но этому-то я уж никак не поверю, что будто бы вы можете превратиться даже в самых маленьких животных. Например, обернуться крысой или мышкой. Должен признаться, что считаю это совершенно невозможным.

***

"I have been assured," said the Cat, "that you have the gift of being able to change yourself into all sorts of creatures you have a mind to; you can, for example, transform yourself into a lion, or elephant, and the like."

"That is true," answered the ogre very briskly; "and to convince you, you shall see me now become a lion."

Puss was so sadly terrified at the sight of a lion so near him that he immediately got into the gutter, not without abundance of trouble and danger, because of his boots, which were of no use at all to him in walking upon the tiles. A little while after, when Puss saw that the ogre had resumed his natural form, he came down, and owned he had been very much frightened.

"I have been, moreover, informed," said the Cat, "but I know not how to believe it, that you have also the power to take on you the shape of the smallest animals; for example, to change yourself into a rat or a mouse; but I must own to you I take this to be impossible."

— Ах, вот как! Считаешь невозможным? — заревел великан. — Так смотри же!

В то же мгновение великан превратился в мышку которая проворно забегала по полу. И тут кот кинулся на мышку, поймал ее и съел.

Тем временем король проезжал мимо прекрасного замка и пожелал посетить его.

Кот услыхал, как гремят на подъёмном мосту колёса королевской кареты, и, выбежав навстречу, сказал королю:

— Ваше Величество, милости просим пожаловать в замок маркиза де Карабаса! — сказал кот.

— Неужели и этот замок тоже ваш, господин маркиз! — воскликнул король. — Нельзя себе представить ничего красивее, чем этот двор и постройки вокруг. Да это прямо дворец! Давайте же посмотрим, каков он внутри, если вы не возражаете.

* * *

"Impossible!" cried the ogre; "you shall see that presently. "

And at the same time he changed himself into a mouse, and began to run about the floor. Puss no sooner perceived this but he fell upon him and ate him up.

Meanwhile the King, who saw, as he passed, this fine castle of the ogre's, had a mind to go into it.

Puss, who heard the noise of his Majesty's coach running over the draw-bridge, ran out, and said to the King:

"Your Majesty is welcome to this castle of my Lord Marquis of Carabas."

"What! my Lord Marquis," cried the King, "and does this castle also belong to you? There can be nothing finer than this court and all the stately buildings which surround it; let us go into it, if you please."

Король пошел впереди, а маркиз подал руку прекрасной принцессе. Они вошли в великолепную залу, где был уже приготовлен отменный ужин, в тот день людоед ждал в гости приятелей, но они не посмели явиться, узнав, что в замке король. Король был очарован достоинствами господина маркиза де Карабаса почти так же, как его дочка, которая была от маркиза просто без ума. Кроме того, его величество не мог, конечно, не оценить прекрасных владений маркиза и, осушив пять-шесть кубков, сказал:

— Если хотите стать моим зятем, господин маркиз, это зависит только от вас.

Маркиз почтительным поклоном поблагодарил короля за честь, оказанную ему, и в тот же день женился на принцессе.

А кот стал знатным вельможей и с тех пор охотился на мышей только изредка - для собственного удовольствия.

* * *

The Marquis gave his hand to the Princess, and followed the King, who went first. They passed into a spacious hall, where they found a magnificent collation, which the ogre had prepared for his friends, who were that very day to visit him, but dared not to enter, knowing the King was there. His Majesty was perfectly charmed with the good qualities of my Lord Marquis of Carabas, as was his daughter, who had fallen violently in love with him, and, seeing the vast estate he possessed, said to him, after having drunk five or six glasses:

"It will be owing to yourself only, my Lord Marquis, if you are not my son-in-law."

The Marquis, making several low bows, accepted the honor which his Majesty conferred upon him, and forthwith, that very same day, married the Princess.

Puss became a great lord, and never ran after mice any more but only for his diversion.

Красная Шапочка
Little Red Riding Hood

Жила-была в одной деревушке девочка невиданной красоты. Мать души в ней не чаяла, а бабушка любила ее еще больше. Добрая бабушка купила ей красную шапочку, которая так девочке подошла, что все стали звать ее Красной Шапочкой.

Испекла как-то мать пирожки и говорит ей:

— Сходи, дорогая, к бабушке, проведай ее. Я слышала, что она очень больна. Отнеси ей пирожки и горшочек масла.

Красная Шапочка тотчас встала и отправилась к бабушке, которая жила в другой деревне.

* * *

Once upon a time there lived in a village a little country girl, the prettiest creature that had ever been seen. Her mother was very fond of her, and her grandmother loved her still more. This good woman made for her a little red riding hood, which fit her so well that everybody called her Little Red Riding Hood.

One day her mother, having made some pies, said to her, "Go, my dear, and see how your grandmother does, for I hear she has been very ill; bring her the pies and this little pot of butter."

Little Red Riding Hood set out immediately to go to her grandmother's, who lived in another village.

Идет она лесом, а навстречу ей волк. Думал волк ее съесть, да не посмел, потому что поблизости дровосеки работали. Вот он и спрашивает:

— Красная Шапочка, куда ты идешь?

Бедная девочка, не зная, что опасно останавливаться и разговаривать с волком, ответила:

— Иду к бабушке; несу ей от матушки пирожки да горшочек масла.

— А далеко ли бабушка живет? — спросил волк.

— Да, далеко! — ответила Красная Шапочка, — за той мельницей, что виднеется впереди; а там будет первый дом, как войдешь в деревню.

— Знаешь что, — сказал ей волк, — пойду-ка и я к бабушке. Я пойду этой дорогой, а ты ступай той: посмотрим, кто из нас скорее дойдет.

* * *

As she was going through the woods, she met the gaffer wolf, who wanted to eat her up; but he dared not, because of the loggers working near in the forest. He asked her where she was going. The poor child, who did not know that it was dangerous to stop and talk to a wolf, said to him, "I am going to see my grandmother, and bring her the pies and little pot of butter that my mother sent."

"Does she live far?" asked the wolf.

"Oh, yes," answered Little Red Riding Hood; "it is behind that mill you see there; the first house you come to in the village."

"Well," said the wolf, "and I'll go and see her, too. I'll go this way, and you go that way, and we shall see who will get there first."

И волк бросился изо всех сил бежать по самой короткой дороге, а евочка побрела по самой длинной. По пути она собирала орехи, гонялась а бабочками, рвала цветы. Вскоре волк прибежал к бабушкину дому и остучался:

— Стук, стук.

— Кто там? — спросила бабушка.

— Это я, твоя внучка, Красная Шапочка, — ответил волк, поменяв олос. — Матушка послала пирожки да горшочек масла.

Бабушка лежала в постели, потому что ей нездоровилось.

— Дерни за веревочку — засов отойдет, — крикнула бабушка.

* * *

The wolf began to run as fast as he could, taking the shortest way, and the ttle girl went by the longest way, amusing herself by gathering nuts, running ter butterflies, and picking flowers. Not before long wolf reached the old oman's house. He knocked at the door — knock, knock, knock.

"Who's there?" called the grandmother.

"It is your granddaughter, Little Red Riding Hood," replied the wolf, nitating the girl's voice. "Mother sent you some pies and a little pot of utter."

The good grandmother, who was in bed, because she was somewhat ill, ied out, "Pull the bobbin, and the latch will go up."

Волк дернул за веревочку — дверь отворилась. Он бросился на tарушку и проглотил ее, потому что уже больше трех дней ничего не ел.

Потом он запер дверь, улегся в бабушкину постель и стал поджидать tасную Шапочку, которая через некоторое время пришла и постучалась:

— Стук, стук.

— Кто там? — спросил волк.

Услышав грубый волчий голос, Красная Шапочка сперва было tпугалась, но подумав, что верно у бабушки насморк, ответила:

— Это я, твоя внучка, Красная Шапочка; матушка послала пирожки да tршочек масла.

* * *

The wolf pulled the bobbin, and the door opened. He fell upon the old toman and swallowed her, for he had not eaten anything for more than three tys. He then shut the door, went into the grandmother's bed, and waited for ttle Red Riding Hood, who came sometime afterward and knocked at the tor — knock, knock, knock.

"Who's there?" called the wolf.

Little Red Riding Hood, hearing the hoarse voice of the wolf, was at first tfraid; but thinking her grandmother had a cold, answered, "This is your tanddaughter, Little Red Riding Hood. Mother sent you some pies and a little pot t butter."

Волк ответил тоненьким голосом:

— Дерни за веревочку — засов отойдет.

Красная Шапочка дернула за веревочку — дверь отворилась.

Когда девочка вошла, волк закутался хорошенько в одеяло, чтобы она его не узнала, и говорит:

— Положи куда-нибудь пирожки да горшочек масла и приляг со мною.

Красная Шапочка легла в постель. Ее очень удивило, что бабушка в ночной сорочке так странно выглядит.

* * *

The wolf cried out to her, softening his voice a little, "Pull the bobbin, and the latch will go up."

Little Red Riding Hood pulled the bobbin, and the door opened.

The wolf, seeing her come in, said to her, hiding himself under the bedclothes, "Put the pies and little pot of butter somewhere, and come and lie down with me."

Little Red Riding Hood went into bed, where she was much surprised to see how her grandmother looked in her night-clothes.

Она и говорит:

— Бабушка, какие у тебя длинные руки!

— Это, внучка, чтобы получше тебя обнимать.

— Бабушка, какие у тебя длинные ноги!

— Это, внучка, чтобы получше бегать.

— Бабушка, какие у тебя большие уши!

— Это, внучка, чтобы получше тебя слышать.

— Бабушка, какие у тебя большие глаза!

— Это, внучка, чтобы получше тебя видеть.

— Бабушка, какие у тебя большие зубы!

— Это, чтобы тебя съесть!

И с этими словами злой волк бросился на Красную Шапочку и съел ее.

* * *

She said to her, "Grandmamma, what big arms you have!"

"All the better to hug you with, my dear."

"Grandmamma, what great legs you have!"

"All the better to run with, my child."

"Grandmamma, what great ears you have!"

"All the better to hear with, my child."

"Grandmamma, what great eyes you have!"

"All the better to see with, my child."

"Grandmamma, what great teeth you have!"

"All the better to eat you up with."

And, saying these words, this wicked wolf fell upon Little Red Riding Hood, nd ate her all up.

В это время из леса вышел охотник. Увидев дом, он остановился, чтобы попросить стакан воды. Он искал большого волка, который запугал всю деревню.

Охотник услышал странный свист в доме. Он посмотрел в окно и увидел большого волка, храпевшего на бабушкиной кровати.

— Волк! Он не убежит от меня на этот раз! — воскликнул охотник.

Охотник вспорол волку живот, и, к его удивлению, оттуда выскочили бабушка и Красная Шапочка в целости и сохранности.

* * *

At this moment a hunter emerged from the forest. He saw the house and decided to stop and ask for a glass of water. He was looking for a big wolf who had been terrorizing the village.

The hunter heard a strange whistling inside the house. He looked through the window and saw the big wolf snoring on Grandma's bed. "The wolf! He won't escape me this time!" cried the hunter.

The hunter opened the wolf's stomach, and, to his surprise, out popped the unharmed Grandma and Little Red Riding Hood.

ACKNOWLEDGEMENT

I want to thank my granddaughter Christina for being my sweet inspiration in creating this book. Enjoy it!
Svetlana

Printed in Great Britain
by Amazon